이 책에 관하여

이 책은 양극성장애(조울증)의 한 형태인 순환성장애에 관한 심리만화입니다. 본문에 등장하는 여우는 순환성장애를 의인화하여 표현한 것입니다. 조울증의 정식 명칭은 양극성장애인데, 독자의 이해를 위해 '감수의 말'과 'Special Tip'에서는 양극성장애를 조울증으로 표기했습니다.

내 기분은 변화하는 중입니다

내 기분은 변화하는 중입니다

두 얼굴의 감정, 조울증 이야기

루비 루 지음 | 한나라 옮김
허휴정(정신과전문의) 감수

두 얼굴의 여우와 살아가기

이 책을 읽다보면 생텍쥐페리의 '어린 왕자'가 생각 납니다. 사람의 생김새가 모두 다르듯 우리는 저마다 다른 마음을 가지고 살아갑니다. 그 다른 마음 안에는 공통적으로 한 마리의 여우가 살고 있습니다. 《어린 왕자》에 나오는 여우와 달리 그 여우는 매우 까다롭습니다. 때때로 우리가 우울하거나 불안한 것도, 또 참을 수 없이 화를 내는 것도 바로 이 여우 때문입니다.

대체로 우리는 자기 안의 여우를 달래가며 그럭저럭 살아가지만, 간혹 여우와 잘 지내지 못하는 사람들이 있습니다. 이 책의 주인공 루는 십대 때부터 까다로운 성미를 가진 여우와 함께 살았습니다. 루가 데리고 사는 여우는 '순환성장애'라는 이름을 가졌는데, 순환성장애는 조울증의 한 형태입니다.

조울증, 두 얼굴을 가진 극단적 기분변화

조울증의 정식 명칭은 '양극성장애'로 조증과 우울증이라는 극단적인 기분상태가 번갈아가며 나타나는 특징이 있습니다. 조증이란 지나치게 기분이 들뜬 상태를 말합니다. 사람에 따라 차이가 있지만, 전반적으로는 마음 안의 에너지가 넘쳐흐르는 상태로 들뜬 기분에 생각이 많아지고, 자신감이 넘쳐 충동적으로 한꺼번에 많은 일을 벌이기도 합니다. 잠을 자지 않아도 피곤함을 느끼지 않고, 평소보다 말이 많거나 빨라지고, 심한 경우에는 횡설수설하는 듯 보입니다. 또, 자신이 할 수 있는 범위를 넘어서 비현실적으로 일을 크게 벌이는 경우, 금전적으로 큰 손실을 보기도 합니다. 작은 일에도 과민해지고 잘 흥분해서 사람들과 마찰도 종종 일어납니다. 이러한 증상들이 입원을 필요할 정도로 심한 경우에는 '조증', 조증보다는 가볍지만 평소보다 기분이 들떠 있는 경우에는 '경조증'이라 부릅니다.

우울증은 조증의 반대상태로 마음 안의 에너지가 고갈되어 매사에 흥미와 의욕을 잃고 기분이 가라앉은 상태가 2주 이상 지속됩니다. 불면증에 시달리거나 반대로 잠만 자려고 하거나, 피로감, 무기력감을 느끼기도 합니다. 작은 일에도 좌절하고, 쉽게 무가치감, 죄책감에 시달리며, 간혹 죽음이나 자살에 대해 생각하다가 실제로 자살을 시도하기도 합니다.

누구나 살다보면 어느 정도의 우울한 느낌이나 들뜬 기분을 경험할 수 있습니다. 그러나 대부분의 사람들은 자신의 기분을 조절할 수 있어서 극단적으로 기분이 좋거나 나쁜 상태에 이르지 않고 살아갑니다. 예를 들어 사랑하는 사람과 헤어져서 매우 슬픈 상태일 때, 대개는 마음을 추스르고 학교에 가거나 회사에 출근을 하며 지냅니다.

그러나 내 안에 '조울증'이라는 여우가 살고 있다면 이야기는 다릅니다. 우울한 기분 때문에 결근을 하거나, 꼭 봐야 할 중요한 시험을 보지 않기도 합니다. 반대로 뜻밖의 횡재로 기분이 들뜨면 충동적으로 많은 돈을 한꺼번에 써서 파산 상태에 이르기도 합니다. 스스로 기분을 조절하지 못해서 일과 대인관계에 어려움을 겪고 있다면 내 안에 '조울병'이라는 까다로운 여우가 살고 있는지를 살펴보아야 합니다. 만약 그렇다면 여우를 다루는 법에 대해 전문가와 상의할 필요가 있습니다.

우울증인줄 알았는데 알고 보니 조울증?!

개인에 따라 조증과 우울증이 나타나는 정도와 양상은 다를 수 있는데, 입원을 해야 할 정도로 심한 조증 상태가 반복되어 누가 봐도 명백하게 조울증처럼 보이는 경우도 있지만, 이 책의 루처럼 잠시 기분이 들뜨는 정도의 경조증 상태에 있다가 많은 시간을 우울한 상태로 보내는 경우도 있습니다. 후자의 경우 주변사람들에게 예민하거나 변덕이 심한 사람, 끈기가 없는 사람, 기분파라는 이야기를 듣기도 하고, 스스로도 단순히 성격의 문제라고 생각하기 쉽습니다.

'조울증' 여유를 가진 사람이 우울한 상태에 빠지게 되면, '우울증' 여유를 가진 사람들과 쉽게 구분하기 어렵습니다. 더군다나 조울증과 우울증은 치료가 다르기 때문에 이를 구분하는 것이 중요합니다. 실제로 우울증으로 치료를 받다가 나중에 조증이나 경조증이 발현되어 뒤늦게 조울증 치료를 받는 경우도 있습니다. 만약 다음과 같은 경우, 자신이 경험하고 있는 우울한 상태가 조울증의 일부일 가능성에 대해 전문가의 의견을 들어보는 것이 좋겠습니다.

- 우울해질 때를 제외하고는 평소 대체로 외향적이고 쉽게 기분이 들뜨는 성격을 가진 경우

- 기분이 들뜨고, 에너지가 넘치는 상태가 주기적으로 반복되거나 혹은 우울해지는 빈도가 매우 잦은 경우

- 우울해질 때마다 너무 많이 자거나, 폭식을 하는 패턴이 반복되는 경우

- 가족 중에 조울증을 진단받은 사람이 있거나 비슷한 증상으로 힘들어 하는 사람이 여럿 있는 경우

- 출산 후에 극심한 우울감을 경험한 경우

많은 사람들은 마음 안에 우울이나, 불안, 분노, 슬픔 등 부정적인 얼굴을 한 여우를 발견하면 그 여우를 없애버리려고 합니다. 더군다나 정신과의사에 의해 '병'이라는 이름표를 얻은 여우라면, 더욱더 우리 삶에서 그 여우가 없었으면 하고 바라기도 합니다. 그러나 우리 몸의 장기가 말썽을 부린다고 해서 그 부분을 쉽게 없애버리거나 다른 것으로 대체할 수 없듯이 마음도 마찬가지입니다. 나를 괴롭히는 말썽쟁이 여우라도 마치 아이를 돌보듯 여우를 달래가며 나의 삶을 가꿔나가는 수밖에 없습니다. 그러다보면 아이가 그러하듯 내 안의 여우도 가끔은 기쁨과 행복, 뿌듯함의 얼굴을 하고 나타나기도 합니다. 실제로 잘 조련된 '조울증' 여우들은 다른 여우가 도저히 가질 수 없는 독특한 창조력의 씨앗이 되기도 합니다.

'조울증' 여우와 함께 살아간다는 것은 마치 예민하고 까다로운 꼬마를 돌보는 것처럼 무척 어려운 일입니다. 임상 현장에서 여러 조울증 환자들을 만나다보면 말썽쟁이 여우를 돌보며 생기는 여러 고충들을 듣습니다. 그럼에도 불구하고 상당수의 환자분들은 어려움을 견디고 이겨내며 자신만의 가치 있는 삶을 살아갑니다. 그런 모습을 볼 때면 삶에 대해 경외심을 느끼게 됩니다. 이 책의 주인공 루처럼 그 어려운 일들을 해내며 오늘도 소중한 삶을 가꿔나가고 있을 누군가에게 이 책이 작은 힘이 되었으면 좋겠습니다.

허 휴 정
정신건강의학과 전문의

당신은 항상 변화하는 존재입니다.

Q1 조울증이나 우울증 같은 자신의 심리적 문제를 숨기거나 혼자서만 아파하는 사람들에게 해주고 싶은 말은? 당신이 나약한 사람으로 보일까봐 두려우세요? 그 두려움 때문에 당신(우울증이나 심리적 문제)을 감추지 마세요. 자신의 아픔을 감추는 것은 마치 부러진 다리를 감추는 것과 같습니다. 한쪽 다리가 부러졌을 때, 최악의 경우 부러진 다리가 붙는 데는 시간이 오래 걸릴 것이고, 최악의 경우, 부러진 다리를 잘라낼지 모릅니다.

당신이 낫기 위해서는 먼저 '당신의 지지자'를 찾아야 합니다. 그렇다고 당신이 아프다는 사실을 모든 사람들에게 알릴 필요는 없습니다. 당신의 말에 귀 기울여줄 몇몇 사람이면 충분합니다. 당신에게 급박한 일이 생기면 당장이라도 달려와 줄 가족이나 친구를 떠올려보세요. 설사 그들이 당신의 마음을 잘 받아들이지 못한다고 하더라도 포기하지 마세요. 당신 주변에는 당신의 마음을 잘 이해하고, 도와줄 사람들이 많다는 것을 잊지 마세요.

Q2 '나는 문제가 없어' 하면서 자신의 증상이나 문제를 회피하거나 부정하는 사람들에게 해주고 싶은 말은? 저는 부정적인 사람들과 맞서 싸우는 것을 그만두었습니다. 작가로서 제가 할 수 있는 일은 제가 직접 경험했던 것을 함께 나누는 것입니다. 저처럼 마음의 고통을 겪고 있는 분들에게 자신의 문제를 끝까지 포기하지 않고, 자신을 이해할 수 있도록 도와주고 싶었습니다. 저는 그 자기탐색의 방법을 글과 그림으로 전해주는 것뿐입니다. 사실 심리적으로 어려움을 겪고 있는 사람들이 자신의 문제를 받아들이고 인정하는 것은 쉽지 않습니다. 어떤 사람들은 자신들의 생각이 너무나 분명해서 제가 감히 바꿀 수도 없습니다. 저는 누군가의 생각을 바꾸려고 하기보다는 저희 경험을 공유할 뿐입니다. 제 경험이 단 한 사람에게라도 도움이 되길 바랄 뿐입니다.

Q3. 이 책의 마지막 페이지를 보면, 수시로 오르락내리락하는 조울증의 기분변화 증세를 '나는 단지 변화하는 중'이라고 표현했습니다. 이 말의 구체적인 의미는?

기분이 '업'된 상태일 때, 저는 매우 사교적이고, 에너지가 넘치고, 빛나고, 또 감탄할 만큼 매력적인 사람으로 변신합니다. 반면에 기분이 '다운'된 상태일 때, 저는 무기력하고 둔하고 외롭고 염세적인 사람으로 변합니다. 이렇듯 제 안에 밝은 모습과 어둔 모습이 공존합니다.

어떤 모습이 진짜 나일까? 나는 나를 속이고 있는 걸까? 오랫동안 저는 혼란스러웠습니다. 지독한 위선적 증상에 맞서 외롭게 싸웠습니다. 그리고 마침내 답을 찾았습니다. 진짜 나의 모습이란 '내가 변화하는 사람'인 것을 깨달았습니다. 남들은 이랬다저랬다 하는 모습으로 보일지 모르겠지만, 저는 그런 제 모습을 있는 그대로 받아들입니다. 저는 '척'은 못하는 사람입니다. 괜찮지 않은데 괜찮은 척은 못합니다. 기분이 오르락내리락하는 나를 있는 그대로 받아들이면서 '변화'가 시작되었습니다. 저는 그런 식으로 지금까지 제 삶을 변화시켜왔습니다.

Q4. 마지막으로 비슷한 아픔을 겪고 있는 분들에게 한마디?

당신은 양극성장애입니다. 그거 끔찍해요! 아닙니다, 당신은 양극성장애일 뿐입니다. 당신은 당신의 능력과 개성과 열정과 용기를 가진 온전한 인격체입니다. 비록 양극성장애를 가지고 있더라도 (당신이 다른 사람과 별반 다름없는) 온전한 인격체라는 믿음은 당신이 어려움을 극복하고 행복하게 사는 데 도움이 될 것입니다.

누구에게나 삶은 소중한 무엇입니다. 당신이 소중하듯 당신 자신도 멈추지 마세요. 당신은 항상 변화하는 존재입니다.

파리에서 루비 루

* 저자와의 이메일 인터뷰를 옮긴 내용입니다.

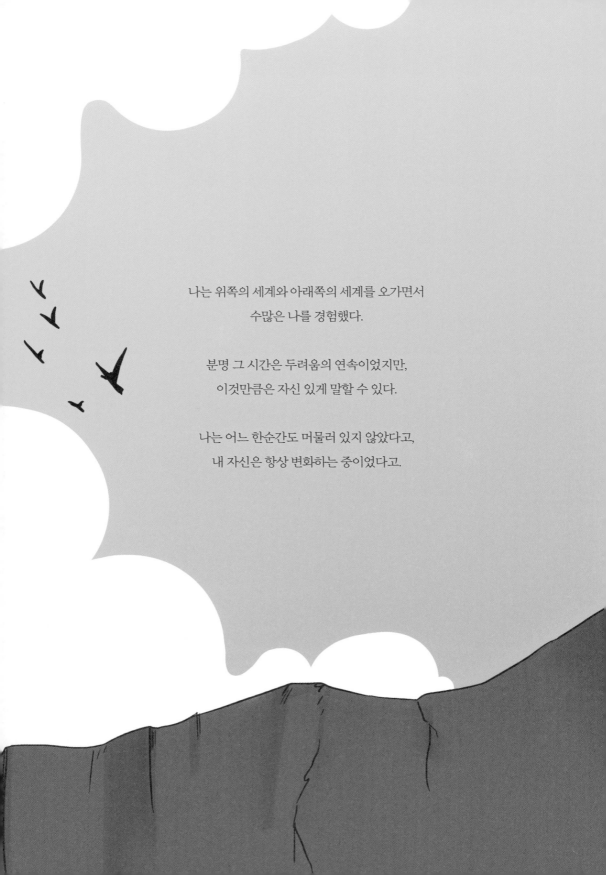

나는 위쪽의 세계와 아래쪽의 세계를 오가면서
수많은 나를 경험했다.

분명 그 시간은 두려움의 연속이었지만,
이것만큼은 자신 있게 말할 수 있다.

나는 어느 한순간도 머물러 있지 않았다고,
내 자신은 항상 변화하는 중이었다고.

내 나이 열여섯 살이 되던 해,
이 모든 이야기는
그때부터 시작되었다.

언제부턴가 검은 얼룩은 나의 일상을 갉아먹고 있었다.

주위에서 검은 얼룩에 대해 물어올 때마다 나는 아무렇지 않은 듯 대답해야 했다. 그렇게 검은 얼룩을 품은 채 시간은 흘러갔다.

이듬해부터 나는 미술공부를 시작하게 되었다.
그 사이 검은 얼룩이 사라지면서 내 몸은 점점 더 가벼워졌다.

이후 나는 비디오게임 학교에 입학했다.

드디어, 원하던 공부를 마음껏 할 수 있을 것 같았다.

그런데… 검은 얼룩은 다시 나타났고, 전보다 나를 더 힘들게

했다.

이번에는 뭔가 불길한 일이 일어날 것만 같았다.

La dépression

http://www.depres..la..org

우울증은 아래의 증상 중 다섯 가지 이상 2주 연속 나타나야 한다.

· 우울한 기분
· 매사에 의욕 상실
· 체중 변화
· 집중력 감소
· 불면 또는 과수면
· 피로 (또는 에너지 상실)
· 자기 비하, 죄책감
· 자살 충동

내 증상을 검색해보니 우울증에 가까웠다.

내 말에 남자친구는 좀 더 알아보자고 했지만,

엄마는 심각하게 받아들이지 않았다.

나, 우울증에 걸린 것 같아.

성급하게 판단하는 것은 위험해.

다른 문제일 수도 있잖아.

말도 안 돼.

너처럼 어린 나이에 우울증이라니!

그렇겠죠?

이후로도 나의 증상은 나아지지 않았고, 결국 나는 정신과의사를 찾아갈 수밖에 없었다.

어떤 문제가
있으세요?

최근 안 좋은 일이 있었나요?
남자친구랑 헤어졌다거나
누가 돌아가셨거나,

아니요.
전혀요.

전반적인 증상을 살펴보니,
아무래도 우울증 같습니다.

정말요?

네,
그렇습니다.

의사 선생님은 검은 얼룩을
진정시킬 수 있도록 항우울제를
처방해주었고,

나에게 도움이 되는
심리치료사를 만나보라고
권유했다.

반복되는 이 고통을 없애려면
우선적으로 검은 얼룩의 원인을
찾아야 했다.

며칠 후, 나는 정확한 진단을 위해 다른 정신과의사를 찾아갔다. 병원 대기실에는 나보다 나이 많은 사람들이 대부분이었다.

그동안 무슨 일이 있었는지 말씀해주세요.

그동안
음...
사실은...
...
제가...
...

좀, 피곤하신 것 같네요. 오늘은 여기까지 하죠.

그럼...

두번째 의사도 나의 상태를 파악 하지 못했다. 이날을 마지막으로 한동안 병원을 찾아가지 않았다. 주변에서는 청소년 전문 심리 치료사를 찾아가보라고 권유했다.

우리 조각상을 한 번 같이 만들어볼까요?

흠...

그냥 얘기만 하면 안 돼요?

물론, 괜찮아요. 어떤 이야기를 해볼까요?

요즘 그냥 모든 게 너무 힘들어요.

나는 이번에 만난 심리치료사를 일 년간 정기적으로 만났다.

그러던 어느 날, 나에게 이상한 일이 일어났다. 어느 순간, 이유도 없이 기분이 날아갈 듯 흥분된 것이다.
이런 날에 나의 모습은 평소와는 확연히 다른 행동을 보였다.

그런데…

또다시, 나는
검은 얼룩 속으로
빠져버리고 말았다.

열아홉 살이 되던 해는 끔찍했다. 어떤 날은 학교에 갈 수 없을 정도로 힘들고 괴로웠다.

나...

학교 그만둘래.
더 이상은
못 견디겠어!

우리가 도와줄게.
포기하지마. 루!

넌 성실한 학생이야.
모두들 너를 믿고 있어.

다시 용기를 내는 것은 힘들었지만, 선생님과 친구들의 믿음 덕분에 다시 일어날 수 있었다.

감사해요.

다시 힘을
내볼게요.

자~그럼,
친구들이랑 같이
수업 들으러 가자.

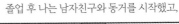

2년 후 나는 무사히 졸업을 할 수 있었다.

졸업 후 나는 남자친구와 동거를 시작했고,

내 옷들이
어디 있는지 알아?

박스에 다 들어
있을 거야.

원하던 직장에서
일도 하게 되었다.
그런데…

회사에서
일하는 게
너무 답답해.

너에게 맞는
회사가 아닐 수도
있잖아?

개인사업을
시작해보면 어떨까?

그것도 괜찮지!

나는 프리랜서로 일하는 것이 좋았다.
압박감 없이 내 리듬에 맞춰서 일할 수
있으니 더 이상 검은 얼룩이 나를 괴롭
히지 않을 거라 생각했기 때문이다.

그리고 내가 세운 계획대로
내 시간을 마음대로 사용할 수
있을 거라 생각했다.

완전 대박 아이디어가 하나 있어! 게임 초보자들이랑 같이 비디오 게임을 만드는 거야!

멋진 도전이다!

그런데 혼자 하려고?

나는 곧장 블로그를 만들었다.

후원을 받기 위해 광고도 띄웠으며

100명의 참가자들을 모았고

게임 전체를 나 혼자 프로그래밍했다.

그리고 이틀에 한 번씩 기사도 썼다.

너무 과로하는 거 아냐? 얼굴 본 지 오래된 거 같아.

응?

일과 관계된 사람들만 만나고,

하루에 수백 통이 넘는 이메일에 일일이 답장을 했다.

잠시만요, 전화 좀…

여보세요?

프로젝트를 발표하는 날, 새벽 4시에 모든 일이 끝났다.

이 게임 완전 대박인데요!

브라보!

정말 멋지게 해냈군. 축하해요!

에너지가 엄청나네요.

CLAP CLAP

자, 이제 프로젝트도 다 끝났는데, 앞으로 뭐 할 거야?

브라보!

훌륭해요 멋져요!

브라보!

마지막 질문은 누구지?

검은 녀석이 또 다시 내 삶을 망가뜨리는 것을 인정할 수가 없었다.
사실, 이 모든 것은 내 머릿속에서 일어나는 것이었고, 그래서 내가 무시하면 그만이라고 생각했다.

검은 녀석이 사라진 줄 알았는데, 다시 나타나면서 또다시 늪에 빠진 것 같았다.

가정의학과

저...
우울증인 것 같아요.

우울증이라고요?
어린 나이에 우울증은 드문데요.

뭐라고요?

WHO(세계보건기구)에 따르면 우울증은 매년 전체 인구의 5퍼센트 이상이 걸리는 매우 흔한 질병이라던데요.

재발 확률도 높고요.

[나이별 우울증 분포도]

≈ 3%   6,4%   10,1%   9%   4,4%

14세 이하   15~19   20~34   35~54   55~85 (세)

[우울증 재발 확률]

60%   2차 재발 확률

70%   3차 재발 확률

90%   4차 재발 확률

아무래도 정신과의사를 찾아가는 게 낫겠네요.

그렇군요...

동료 정신과의사의 연락처를 알려드리죠. 무슨 일이 생기거든 찾아가보세요.

저 의사도 내 문제를 모르는 것 같아. 어휴.

26

추천받은 정신과 의사도 비슷한 소견이었다.

너무 걱정 안 하셔도 돼요. 젊고 똑똑하시니 금세 괜찮아질 거예요.

그럴까요? 그럼 공황발작 증세는 어떡하죠? 젊고 똑똑하면 다 괜찮아진다는 건가요?

아, 그러시다면 스트레스를 관리하는 법을 알려드릴게요.

그리고 항불안제도 함께 처방해 드리겠습니다. 단, 불안감이 높을 때만 복용하세요.

어휴... 차라리 곰 인형이나 처방해주는 게 낫겠다.

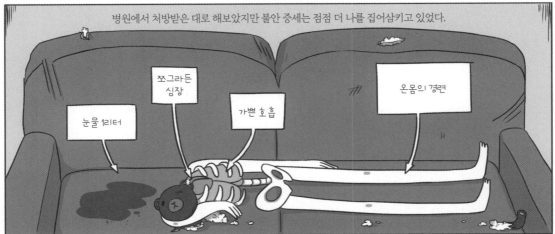

병원에서 처방받은 대로 해보았지만 불안 증세는 점점 더 나를 집어삼키고 있었다.

쪼그라든 심장

온몸의 경련

눈물 1리터

가쁜 호흡

그 이후에도
몇 회의 상담을
더 받았다.

좀
어떠세요?

안
좋아요.

일은
잘하고
계세요?

아니요.

음...
다음주에 다시
만납시다.

그날을 마지막으로
그 병원도
다시 가지 않았다.

왜 전문가들의 처방이
나에게 도움이 되지 않는 걸까?
어쩌면 내가 나를
망쳐가고 있는 걸까?

뭐라고?
말도 안 되는
소리 하지 마.

기운 내, 루.
다른 의사를 더 찾아보자.

휴...

Thérapies

http://www.aftcc.org/les-th...

인지행동 치료
(Cognitive-Behavioral Therapies)

인지행동적 치료는 원인이 되는 잘
못된 행동을 수정하여 적합한 행
동으로 재교육하는 것을 목표로
한다. 공포증, 불안장애, 기분장애,
알콜중독 등과 같은 질환 치료를
위해 처방된다.

혹시, 인지행동 치료로
좋아질 수 있을까?

어쩌면...

곤바로 나는 인지행동 치료 전문가를 찾아갔다.

어쩌구

저쩌구

어쩌구

저쩌구

...

최근에 기분이 고양된 상태를 겪어본 적이 있나요? 혹시 그런기분을 주기적으로 느끼기도 하나요?

아!

지금까지 이런 질문은 받아본 적이 없었다.

예를 들어 힘이 넘친다든지, 평소에는 감당할 수 없을 일들을 다 해낼것 같은 엄청난 기분 말이에요.

전부 느껴본 적 있어요.

그렇다면... 단순한 우울증으로만 보기 어려운 기분장애 (Mood Disorder) 증상 같아요.

인지행동 치료사는 내 기분이 하루에도 얼마나
자주 변하는지 기분일기장에 매일 시간대별로
기록해보라고 했다.

뚝요일 오후 6시 :
아, 행복해.

금요일 오전 9시 :
우울해, 버려진 것 같아.

금요일 오전 11시 : 새로운 생각들이 마구 떠올라.

금요일 오후 4시 :
너무 지쳤어.

토요일 오후 :
불안하고 신경질 나.

토요일 밤 :
잠이 안 오고
생각이 많아져.

일요일 :
아~ 불안해.

월요일 : ???

화요일 :
공통나발작, 자날눈동.

화요일 저녁 :
조금 진정이 돼.

수요일 저녁 :
남친이 우울해서
나두 우울해.

뚝요일 새벽 3시 :
공포와 복통.

이럴 수가...
이건 우울증이
아닌 것 같은데,
그럼 뭐지?

기분
일기장

30

제가 보기에는 기분장애의 다양한 증상이 다 나타나고 있습니다.

이 책을 빌려드릴게요. 기분장애를 이해하는 데 도움이 될 거예요.

순환성장애와 함께 살아가는 법

'순환성장애'가 뭐지? 처음 들어보는 병명이었다.
내 생각에 조울증을 순화해서 표현한 말 같았다. 마치 이런 표현처럼….

~~장님~~
시각장애인

~~노인네~~
노인

맛있는 거 먹자!

~~뚱뚱한~~
과다체중

조울증

그렇다면 내가 조울증이라고?
기사나 책에서 읽은 내용과는
좀 다른데….

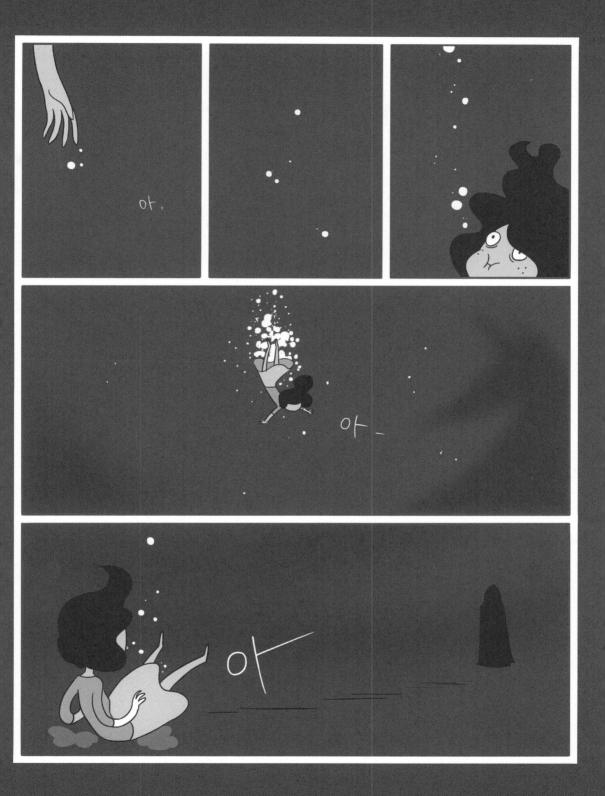

저기...

휘익

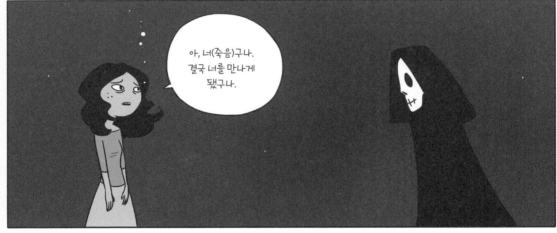

아, 너(죽음)구나.
결국 너를 만나게
됐구나.

그동안 내가 얼마나 외롭고 힘들었는데....
더이상 2주나 기다릴 수는 없었어.
그래서 너를 찾아왔어.

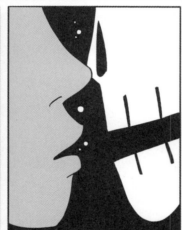

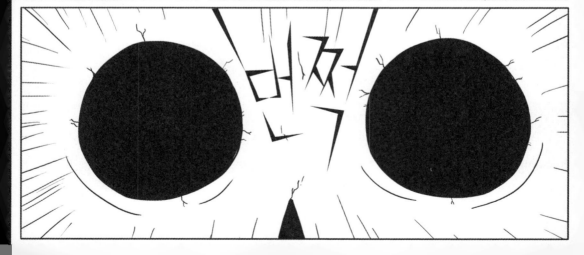

이번에야말로 이 고통에서 벗어나고 싶었다.
나는 이곳에 마지막 희망을 걸었다.
자살충동 같은 응급상황 시에는 의사들이 바로 도움을 줄 것이고,
내 병의 원인을 찾아서 낫게 해줄 거라 믿고 싶었다.

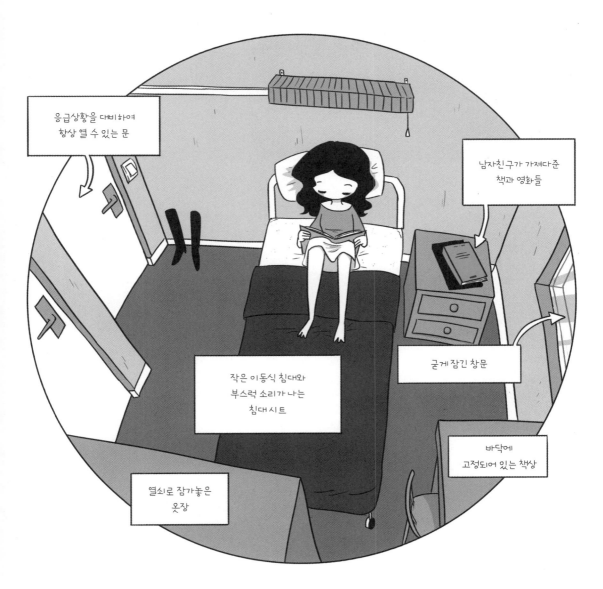

응급상황을 대비하여
항상 열 수 있는 문

남자친구가 가져다준
책과 영화들

작은 이동식 침대와
부스럭 소리가 나는
침대 시트

굳게 잠긴 창문

바닥에
고정되어 있는 책상

열쇠로 잠가놓은
옷장

병원에서 보낸 일주일 동안은 잠시 숨을 쉴 수가 있었다.
나는 고통스러운 세상으로부터 떨어져 있었고, 모든 책임으로부터 벗어나 있었기 때문이다.
하지만 병원에서 보낸 짧은 휴식도 오래가지 못했다. 결론적으로 이것도 시간낭비였다.

다시, 일상으로 돌아왔을 때, 그 검은 녀석은 여전히 나를 기다리고 있었다.

너는 전혀 보고 싶지 않았어.

이봐, 병원 생활은 괜찮았어?

퇴원은 했지만 나는 정신과 치료를 계속 받아야 했다.

좀 어떠신가요?

자살충동은 없어졌어요. 제가 괜찮아진 건가요?

예전에 만난 인지행동 치료사는 조울증 증상이 나타난다고 했어요. 그런가요?

조울증이요? 아~ 양극성장애를 말씀하시는군요. 왜 양극성장애라고 생각하세요?

음... 이유 없이 자주 우울해졌다가 금세 날아갈 것 같이 기분이 좋아질 때가 있거든요.

일반적으로 기분의 변화는 누구나 느끼긴 해요.

쭈글~

만약 양극성장애라면, 사람들이 금세 알아볼 수 있어요.

왜냐하면 매우 위험하고 과장된 행동들을 보이니까요.

크게 웃다가 갑자기 울음을 터뜨린다든가, 평소에는 엄두도 못 낼 고가의 물건을 산다든가 …

그렇지 않다면 대체로 양극성장애는 아닙니다.

혹시, 내가 양극성장애일까?

간단한 테스트

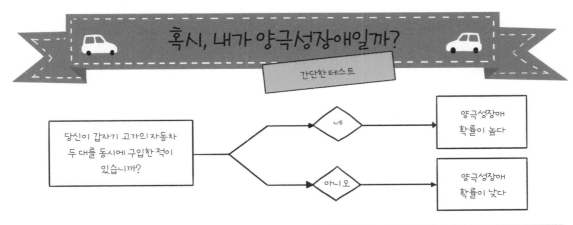

당신이 갑자기 고가의 자동차 두 대를 동시에 구입한 적이 있습니까?

네 → 양극성장애 확률이 높다

아니오 → 양극성장애 확률이 낮다

선생님 말씀대로 제가 양극성장애에 걸린 게 아니라면, 대체 무슨 병이죠?

지난번 입원기록을 살펴보니 2인 병실로 옮기는 것을 권유했을 때, 바로 퇴원을 요청하셨군요.

그때는 혼자 있는 시간이 필요했어요.

그게 문제인 것 같네요. 사람들과 있는 게 편하지 않다면 대인공포증을 의심해 봐야 합니다.

한 달 후, 지인이 소개해준
다른 정신과의사를 만났다.

그동안 있었던 일들을
편하게 얘기해 주시겠어요?

진찰이 끝날 무렵,
의사는 많은 질문들을 했다.

언제…?

얼마나…?

술을 자주 드시나요?
혹시 복용 중인 약이
있나요?

?

?

수면
시간은?

어디서
…?

가족 중에
조울증을 경험하신
분이 있나요?

?

몇 살 때 이런 증세가
처음 나타났나요?

누구와 함께
살고 있나요?

그때는
…?

기분이
고양되었을 때
어떤 느낌이에요?

?

이유 없이 기분이 수시로
변하는 것 같다고
주변에서 들어본 적 있나요?

40

음... 환자분은
양극성장애입니다.

이상하네요. 지난번에 만난 분은
저를 '대인공포증'이라고 하던데요?

정확한 진단을 받고 싶으시면
양극성장애 전문센터 연락처를
알려드리죠.

음...
좀 생각해볼게요.

도움이 필요하다면
언제든지 찾아오세요.
도와드리겠습니다.

감사해요.

치료를 중단한 채
인터넷 서핑으로 시간을 흘려보내고 있던 어느 날,

예전에 들어본 적 있는 어떤 단어가 눈에 확 들어왔다.

그렇다고?

이건...
바로 나잖아!

어둠 속에서 보낸 7년의 시간 동안
나는 8명의 심리전문가들을 만났다.
하지만 내 안의 문제는 여전히 풀지 못한
상태로 남아 있었다. 그런데…

딸깍

마침내, 어둠 속에서 불이 켜졌고,

내 안 깊은 곳에
숨어 있었던 것은 바로…

한 마리의 작은 여우였다.

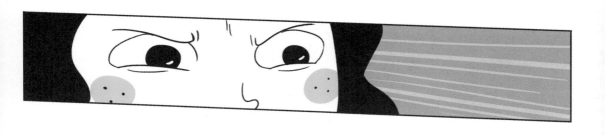

이 모든 문제가
별볼일없는 이 작은 여우 때문이라는 거야?

그럼, 내가 상어라도
되는 줄 알았어?

너는 엄청난 덩치에
새까맣고 날카로운 이빨로
나를 아프게 했잖아!

난 늘 네 곁에 있었어.
그런데 너는 내가
무섭게 변했을 때만
관심을 갖더라.

도대체
너의 정체가
뭐야?

난 너의 순환성장애
(Cyclothymic Disorder)야.

…

잘 모르겠지?
알았어. 내가 처음부터
설명해줄게.

우선, 순환성장애를 뜻하는 단어 'CYCLOTHYMIA'의 그리스 어원을 살펴보면,

KYKLOS + THYMOS

(Circle, 순환)　　　　　　　　　　(Mood, 기분)

순환(Circle)을 뜻하는 'KYKLOS'와 기분(Mood)을 뜻하는 'THYMOS'라는 두 단어가 합쳐진 것이다.
말 그대로 '순환하는 기분(Circulating Mood)'을 의미한다.

잠시만요,
지나갑니다.~

그럼 내 기분이
순환하고 있다는 거야?

그런 뜻이 아니고,
다시 설명해줄게.

사전적 의미로 순환성장애는
기분장애 중 하나인데,
불안정한 기분상태를 보이는 게 특징이야.

펑!

그래, 예전에 내가 정신과의사에게
말했던 게 바로 이 증상이라고!

그런데 그 의사는
누구나 기분 변화를 겪는다고
하던데?

맞아, 하지만 너의 경우는
정상적인 기분 변화와는
큰 차이가 있어.

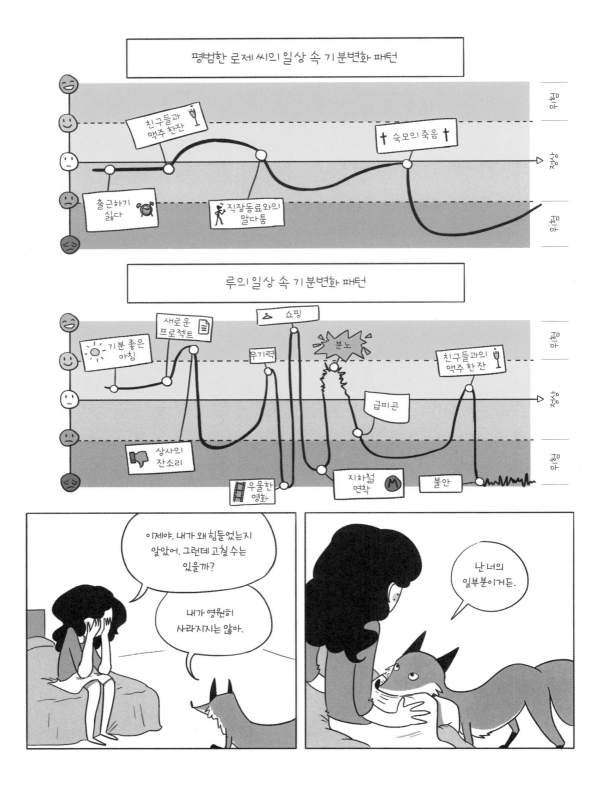

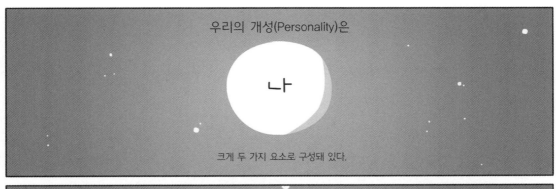

우리의 개성(Personality)은

나

크게 두 가지 요소로 구성돼 있다.

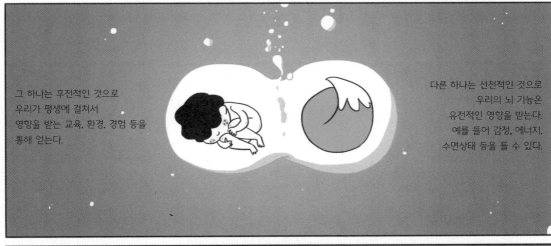

그 하나는 후천적인 것으로
우리가 평생에 걸쳐서
영향을 받는 교육, 환경. 경험 등을
통해 얻는다.

다른 하나는 선천적인 것으로
우리의 뇌 기능은
유전적인 영향을 받는다.
예를 들어 감정, 에너지,
수면상태 등을 들 수 있다.

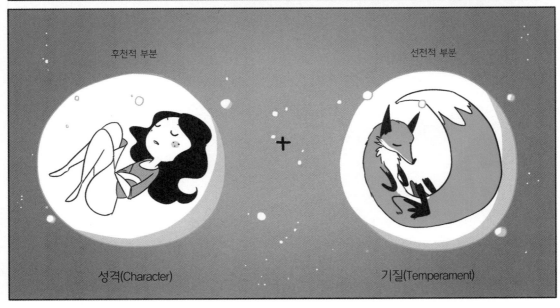

후천적 부분

선전적 부분

성격(Character)

기질(Temperament)

최초로 선천적인 부분인 '기질'에 관심을 가진 사람은
기원전 5세기 그리스의 유명한 의사인 '히포크라테스'였다.

훗날 과학자들은 기질의 종류를 다음과 같이 6가지로 정의했다.

감정 고양성 기질
(Hyperthymic Temperament)
일정하게 고양되어 있는 상태

아이디어가 독특하고 기발함.
자신감 넘치고 사교적.
보통 인기가 많은 편이지만
공감능력은 부족하다.
결과를 미리 생각하지 않고
일을 크게 벌이기도 한다.

우울 기질
(Melancholic Temperament)
일정하게 가라앉아 있는 상태

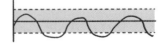

자기 행동에 조심스럽고
사람들 눈에 잘 안 띄는 편이다.
활동적이지 않고 우울하다.
어떤 사람들은 순응적이어서
일에 열중하기도 하지만
또 어떤 사람들은 자기의 창의성을
개발시키기도 한다.

 점액 기질
(Phlegmatic Temperament)
안정이 유지되어 있는 상태

감정 기복이 크지 않고
자기 확신이 강해서
자칫 차갑게 보일 수 있다.

 다혈 기질
(Sanguine Temperament)
불안정하게 고양되어 있는 상태

까다로운 편으로
갑자기 분노를 폭발시키기도 한다.
행동으로 움직이는 걸 좋아해서
종종 모험을 즐기기도 한다.

 불안 기질
(Anxious Temperament)
불안정하게 가라앉아 있는 상태

항상 걱정을 달고 있어 힘들어한다.
조심성이 많고 자존감이 낮아
사회에 잘 적응하지 못한다.
매우 의존적이다.

마지막 여섯 번째
순환 기질이
바로 나야!

순환 기질
(Cyclothymic Temperament)
감정기복이 매우 심한 상태

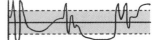

매우 민감하다.
짧은 시간 안에 특별한 이유도 없이
극에서 극으로 기분이 달라진다.이렇게
수시로 바뀌는 불안정한 기분 때문에
사회생활이나 인간관계에
큰 영향을 미칠 수 있다.

모든 사람들을 이 여섯 가지 기질로 나눌 수 있다고?

전체적으로 여섯 가지
기질 안에서 살아가지만
대략적인 분류일 뿐이야.

한 기질의 특징을
그대로 갖고 있는 사람이 있는가 하면
보통은 이 여섯 가지 기질이
섞여서 나타나지.

기질이란 머리카락 색깔과 비슷하다고 볼 수 있다.
대체로 사람의 머리카락은 총 7종류의 자연색이 있는데,

| 검정 | 갈색 | 적갈색 | 밤색 |

| 다갈색 | 금색 | 흰색 |

머리카락을 자세히 보면 한 사람에게도 다양한 색깔이 있다.

그렇다면 나처럼 순환 기질을
가진 사람은 얼마나 있어?

음...
전체 인구
중에서?

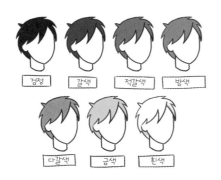

56

그렇게 많은 사람들이 갑자스런 기분 변화 때문에 힘들어한단 말이야? 수시로 반복되는 우울감이나 충동성으로 말이야.

난 그렇게 말하지 않았어.

그런 뜻이 아니야?

인구에 6퍼센트가 '순환 기질'을 나타낸다고만 얘기했지.

같은 순환 기질이라도 사람마다 각자 다양한 크기의 여우를 갖고 있다.

작은 여우를 갖고 있다면 얼마쯤 매력적으로 보일 수 있지만, 아주 큰 녀석은 자신을 갉아먹을 만큼 매우 고통스럽다.

그렇다면 난 비교적 큰 녀석을 만난거네!

그렇지, 내가 좀 멋있고 힘이 세지.

네가 조금 작았더라면 괜찮았을 텐데...

예전에는 나도 매우 작았지.

설명하자면 처음 검은 얼룩이 생겼을 때부터 시작해야 돼.

내 안의 여우 때문에 힘들었던 건 나 혼자만이 아니었다.
우리 가족력을 살펴보니, 나와 비슷한 문제를 가진 사람이 의외로 많았다.

우와~ 놀라운 걸.
우리 가족 안에서도 나처럼
여우를 데리고 있었던 사람이
이렇게 많아?

너도 살펴보았듯 너의 가족에게서
만성적인 우울증이나 이혼 등으로
불안정한 기분을 보이는 사람들이 많아.
하지만 그렇다고 그들 모두가
순환성장애라고 볼 수는 없어.

모든 기질은 부모님의 유전 형질에 영향을 받는다.
예를 들어 머리카락, 주근깨, 두뇌 등.

우리의 뇌는 전기 자극 형태로 메시지를 전달하는 신경세포(뉴런)로 구성되어 있다.

뉴런들은 서로에게 메시지를 교환하면서 소통한다.

이런 화학 메시지들은 신경전달 물질들로 아래와 같은 특징들이 있다.

세로토닌
(Serotonin)
감정 조절 및 안정감

도파민
(Dopamine)
동기부여, 쾌락, 즐거움

노르아드레날린
(Noradrenalin)
각성과 흥분 효과

그런데 순환성장애를 가진 사람들의 경우 신경전달 물질이 불안정하게 분비되면서 갑작스런 기분의 변화를 초래한다.

예를 들어 도파민이 과도하게 분비되는 경우, 갑작스럽게 흥분을 일으키기도 하고,

또 도파민 분비가 적어지면 어느 순간 갑자기 기분이 푹, 가라앉기도 한다.

이처럼 기분의 변화가 심한 순환 기질의 특징은 모두 뇌의 작용에서 비롯된다.
순환성장애를 비롯한 이런 양극성장애의 원인은 대체로 유전적 성향에서 찾을 수 있다. 유전적 원인이 대략 50~70퍼센트,
그리고 환경적 원인(강한 스트레스를 유발하는 사별이나 실직 등 생활사건과 잦은 음주나 약물 오남용 등 생활습관)은
대략 30~40퍼센트로 볼 수 있다.

그런데 어린 시절에는 여우(순환 기질)의 특징이 잘 눈에 띄지 않는다.

그러다가 아이가 성장하면서 아이 안의 여우도 함께 커진다.
즉, 순환 기질의 특징이 점차 드러나기 시작한다.

보통 사춘기 무렵부터 여우는 더욱 커지는데, 대개의 경우 그 여우의 존재를 무시한다.

여우는 유전적인 요소를 포함하여 주변의 모든 것을 먹고 자란다.
예를 들어 과음이나 스트레스 등 일상의 균형이 깨지면 여우는 점점 더 커질 확률이 높아진다.

여우의 몸집이 커질수록 여우의 힘 또한 강해진다.
그로 인해 아래의 다양한 증상들이 함께 나타나는데,
이는 순환성장애라고 판단하기 어렵게 만든다.

냉장고 안에 있는 음식들
모두 다 먹어.
기분이 좋아질 거야.

폭식증 30%

여우의 슈퍼 파워!

얼른 손을
씻어. 손을 씻으면
기분이 더
좋아질 거야.
씻고 또 씻고.

강박장애 47%

사람들 때문에
힘든 거잖아.
멀어져. 멀어져.
사람들한테서
멀어져.

대인공포증 45%

발작을 해봐.
그럼 괜찮아질 거야.

정말
그럴까...?

공황장애 64%

날 항상 쫓아다니는
얘는 누구죠?

너구리 같은데...?

아닌가?

너구리라고 하기에는
상당히 큰데요?

저기 좀 보세요.
눈 주위가 까맣잖아요.
딱 보니 너구리네요.

이렇듯 잘못 판단하면서 시간을 보내는 동안, 처음에는 작고 온순했던 여우가
점점 더 커지면서 더 이상 통제가 불가능해진다. (순환 기질은 순환성장애로 발전)

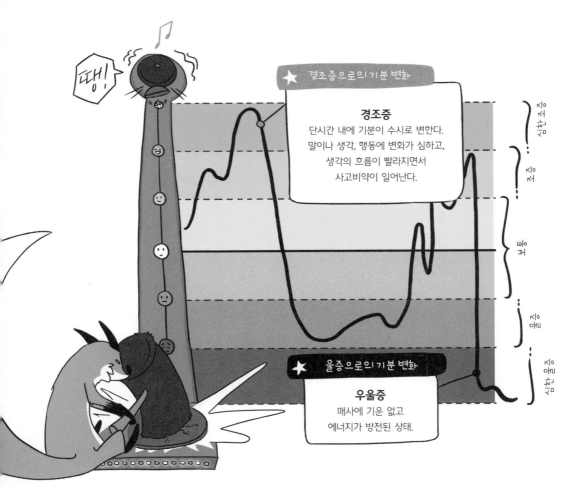

경조증으로의 기분 변화

경조증
단시간 내에 기분이 수시로 변한다.
말이나 생각, 행동에 변화가 심하고,
생각의 흐름이 빨라지면서
사고비약이 일어난다.

울증으로의 기분 변화

우울증
매사에 기운 없고
에너지가 방전된 상태.

WELCOME

양극성장애 (Bipolar disorder)의
세계에 오신 것을 환영합니다.

결론은 내가
양극성장애라는 거야?

나를 따라와.
자세히
설명해줄게.

도대체 뭐야?
내가 순환성장애라는 거야?
양극성장애라는 거야?

순환성장애는 양극성장애의 일부야.
넓은 의미에서 순환성장애를
양극성장애라 할 수 있지.

양극성장애에는 하나의 증상만이 있는 게 아니야.
거대한 가족들로 구성되어 있지.
말하자면, 너의 기분을 산 정상까지 치솟게 했다가,
땅속 깊이 내동댕이치게 만드는 모든 장애들이
그 구성원들이야.

정상과 바닥,
이 두 극단을
왔다 갔다 하는
양극성장애 말이야.
이해되니?

날 따라와봐.
양극성장애
사촌들을 소개해
줄게.

67

안녕하세요. 덩치가 어마어마 하시네요!

안녕! 나는 양극성장애 제1유형이야.

난 최고의 양극성을 갖고 있지.

으흐흐흐. 예전엔 나를 두고 정신병에 걸렸다고 했어.

방송과 신문을 통해서 당신에 대해 많이 들었어요.

매스컴에서 많이 소개되었지. 저 친구는 꽤 유명하거든.

양극성장애 제1유형은 인구의 1퍼센트밖에 되지 않아. 그런데 사람들은 보통 저 친구만이 양극성장애라고 생각하지.

양극성장애 제 1유형은 순환성장애처럼
하루 이틀 사이에 조증과 울증이 왔다갔다 하면서
급격하게 변하지는 않는다.
하지만 치료를 받지 않으면
조증은 몇 주, 몇 달 그리고 울증은 몇 년까지도 지속되면서
그 영향은 매우 강력하고 파괴적일 수 있다.

큰 늑대(제 1유형)는
가장 높은 곳에 열광한다.
한 번 올라가면 경조증보다
더 강한 조증에 도달하는데,
기분이 매우 고양되었을 때는
과도하게 활동적이고,
그로 인해 조절력이 약해지며
위험을 감지하는 인식도 떨어진다.
가끔은 편집증적이거나
환각증세로 힘들어하다가
정신착란을 일으키기도 한다.

또한 심한 조증 상태로 인해
지쳐서 기분이 가라앉으면
바로 우울증 상태로 넘어간다.
이때 조증으로 기분이
비정상적으로 고양된 높이만큼
깊은 우울증에 빠지며,
그 영향으로 15~20퍼센트 정도가
자살을 시도하기도 한다.

이후 다시 기분이 조금씩 고양되면
몇 개월 동안 그 상태로
잠시 휴식기에 들어간다.
이때 한숨을 돌리지만
다시 다음 도약을 준비한다.

이보! 큰 늑대친구(제1유형). 네 짝꿍이랑은 잘 지내?

음, 사이 좋은 관계라고는 말할 수 없어.

그가 최근에 입원하면서 나를 많이 원망했거든. 치료가 시작되면서 난 이렇게 꼼짝달싹 못하게 됐지.

하지만 나는 인내심이 많아. 그가 좀 나아졌다고 믿는 순간, 치료를 중단하면서 약을 끊을 거고...

그러면 나는 다시 저 꼭대기까지 올라갈 거야.
아우~~~~~

루, 이리와. 가자.

70

이제 양극성장애 제2유형을 소개해줄게.

어흥

내가 넘버투라고 불릴 만큼 작아 보여?

아... 아니. 전혀!

안녕하세요. 여우를 해치지 말아주세요.

하하 ♡

내가 우리 형(제1유형)보다 더 높이 못 올라가기 때문에 사람들은 날 '제2유형'이라고 부르지.

형은 조증 삽화를 일으키지만 난 경조증 삽화를 일으키거든.

나도 마찬가지야.

경조증은 조증 아래 단계야. 그렇다고 고통이 한 단계 아래라는 뜻은 아니야.

으흐흐흐. 그림으로 잘 표현했군. 그런데 중요한 사실 한 가지를 잊었어!

너는 고통을 표현하지 않았어.

너의 여우(순환성장애)는 네 삶을 망가뜨릴 거야. 너를 불안하게 만들어 일도 못 하고 사람들과도 멀어지게 만들 거야. 그러다 우울증에 빠지게 될 걸.

와... 너희들만의 무서운 작전이구나? 놀랍다.

크르르르르르ㄹ

어서 집으로 돌아가. 여우를 쫓아낼 궁리나 하셔.

" 자기야, 나 순환성장애래. "

내 고백을 들은 후 남자친구가 보일 수 있는 다양한 반응들

이 모든 예상을 뒤엎는 그의 반응

힘든 날들 속에서도 나는 그의 사랑 덕분에 다시 일상으로 돌아오곤 했다.

무슨 게임하고
있었어?
나도 같이할까?

물론이지!

그러나 여우는 여전히 내 안에 있었다.

표정이
안 좋은데?

내 표정이 안 좋다고?
네 표정이 더 안 좋아.

왜 그렇게
화를 내는
거야?

순간, 여우를 힐끗 쳐다보았다.

맞아. 내가 좀
이상할지도…

후우~

힝

오래전부터 나는 내가 매우 민감하다는 걸 알고 있었다. 나는 사소한 일에도 그냥 넘어가지 못했다.

똑같은 상황에서도 사람마다 반응하는 정도가 제각각이다. 특히 예민한 사람들의 경우 같은 상황도 민감하게 받아들이는 경향이 있다. 그렇다고 예민한 사람 모두가 순환성장애를 겪고 있는 것은 아니다.

나는 내 기분이 어느 순간에 갑자기 변하는지를 파악하는 데 꽤 오랜 시간이 걸렸다.

무엇보다 나의 가장 큰 문제는 아무 이유도 없이 기분이 급격하게 변하는 거였다.

마치 내 안의 여우가 수시로 내 기분을 마음대로 조정하는 것 같았다.

여우는 내 기분은 물론이고 내 욕구나 취향, 일상생활까지도 마구 헤집어놓았다.

수시로 변하는 나의 모습에
주변 사람들은 매우 당황해했다.

그래서 나는 최선을 다해 현재의 기분상태를
솔직히 표현하려고 노력해야 했다.

루에게 뽀뽀를 하면
루도 나에게 뽀뽀를 해줄까?

지금 기분은
어때?

팅!

잘
물어봤어!

기분이 좀
어떠니 루?

아주
좋아!

지금은
괜찮은 거니?

우울해.

굿모닝.
기분은 어때?

밤새
못잤어.

저녁 모임
좋았어?

조금
지루했어.

괜찮아?

모르겠어.

지금은 어때?

모르겠다고
말했잖아.

괜찮...

모르겠다고!

잘 못
건드렸어!

순환성장애를 가진 사람은 다음의 3가지 요소에 민감하게 반응한다.
이런 이유로 다른 사람들과의 소통이 쉽지 않다.

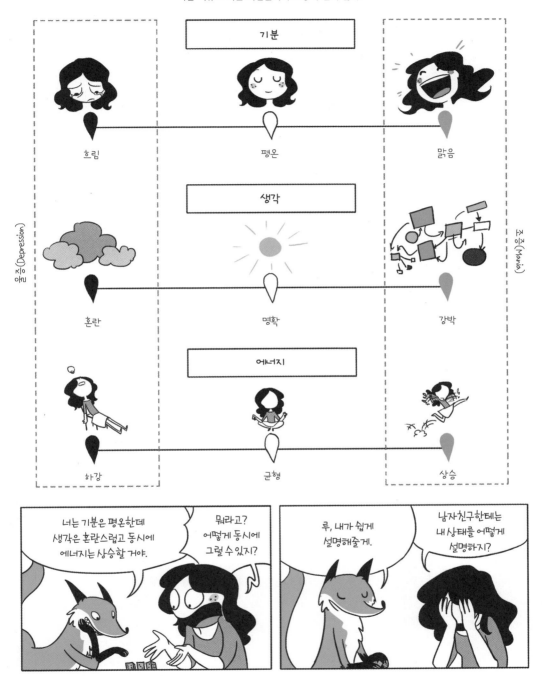

이렇듯 조증과 울증처럼 서로 양립하기 어려운 반대 감정을 복합적으로 겪는 것을 혼재성 상태(Mixed State)라고 한다.

알아두면 좋아요!

혼재성 상태는 기분장애 특히,
순환성장애를 이해하는 데 도움이 된다.

> 어제 내가 말이야. 운전을 하는데 말이야. 차 선을 바꾸고 다시 또...

당신은 순환성장애나 혹은 그 증상에 대해
얼마나 알고 있습니까?

피로—흥분 상태

"수백 가지 생각으로 정신상태는
최고조이지만 기운이 별로 없네."

술은 한 방울도 마시지 않았는데
취한 것처럼 약간 흥분된 상태

과민—흥분 상태

"기분이 아주 좋아.
너두 소리를 질러보란 말이야."

그 엄청난 에너지를 건전한
활동으로 소비하도록 노력한다.

웃다가울다가

① 조절이 어려울 정도로 20초 간
자지러지게 웃다가

② 바로 이어서 20초 간
대성통곡을 한다.

③ 일상생활이 불가능할 정도로
①, ②의 행동을 계속 반복한다.

이런 상황에 처했을 때는 숨을 깊이 내쉬면서
마음의 안정을 찾도록 노력한다.

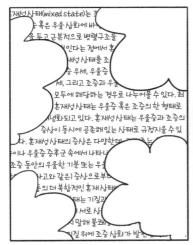

으윽, 머릿속이 흐리멍텅해져서
집중이 되질 않아.

기분

생각

에너지

왜 나한테
이런 문제가 생겼지?

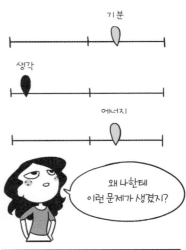

너 정말 대단하다. 내 머리 속을
이렇게 우둔하게 만들어버리면
난 어떻게 일하라고?

나,
배고파.

사료 한 그릇 줄까?

아니, 난 새롭고 강렬한
자극이 필요해.

좋아, 잠깐 바람이나 쐬고 오자.

어서
나가자!

고작 자전거야? 나는 배고파 죽을 것 같아.
조금 더 강한 자극이 필요해!

보채지마. 조금만 놀다가
난 집에 가서 일해야 해.

여우는 끊임없이 새로운 자극을 갈망한다.
그 새로운 자극을 먹고 에너지를 보충하기 때문이다.
이렇게 에너지를 보충하고 나면
여우는 더 큰 기분의 변화를 만끽할 수 있다.

루,
나 배고파.

배고프다고...

루우...

발신자 표시 제한

Repor

여보세요?
네, 제가 루인데요.
새 프로젝트요?
잠시만요.
일정 좀
확인해볼게요.

새로 발간되는 잡지 일러스트레이션
일이 들어왔는데, 해볼까?

당근!

좋아.   해봐.

첫 시작은 늘 가슴 설레고 큰 기대로 다가온다. 그런데 이것도 익숙해지는 순간이 오면,
금세 무기력해지고 그 무엇도 흥미롭지 않다.

이 프로젝트
정말 하기
싫어.

그런 이유로 일을
대충할 수는 없잖아!

2주 전만 해도 의욕이 넘쳤잖아!

너 알아? 나한테
새로운 먹이를 주지 않은 지 2주나 지났어.

그 일 관두고 웹 관련 일을
새로 시작해보면 어때?

86

이러한 이유로
순환성장애를 겪고 있는 사람들의 공통점은
자신의 기분상태에 따라
일이나 직장도 변화가 잦다.

예를 들어 수시로 작업을 바꾸거나
동시에 많은 프로젝트를 진행하기도 하고,
또 갑자기 하던 일을
예고 없이 그만두기도 한다.

새로운 자극으로 여우가 고조되어 동안, 나는 못 할 것이 없는 최고의 능력자로 변신한다.

이렇게 새로운 것에 에너지를 한꺼번에 다 쓰고 나면 다시 기분이 가라앉은 상태에 빠진다.

머릿속이 멍해져도
일은 계속 해야 하고,

웃음이 나오지 않은데도
밝은 척을 해야 하고,

일을 그만두고 싶은데도
참아야 한다.

이 일이 지겹지 않아?
이제 그만두지 그래.

조용해.

힘들어도 이 상황을
견뎌내야 한다.

제발 부탁이야.
난 이 일을 계속
하고 싶어.

안녕, 루!
오늘 어때?

응, 좋아.
너는 어때?

나는 애써 괜찮은 척 노력해야 한다.

일보다 더 어려운 문제는 사람들과의 관계이다. 대체로 관계에서 친밀도와 애정도는 서로 비례한다.

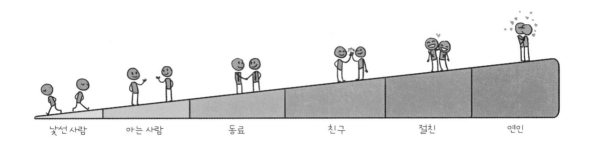

| 낯선 사람 | 아는 사람 | 동료 | 친구 | 절친 | 연인 |

그런데, 늘 새로운 자극을 찾는 여우(순환성장애)에게는 감정의 강도가 사람들과의 관계에 막대한 영향을 미친다.

뉴 페이스다! 　　　　　　흥미 상실 　　　　　　오, 내 사랑!

이렇듯 극적인 감정에 치우치다보면 사람들과의 관계가 점점 더 어렵게 된다.

여우에게 최고로 맛있는 음식은
바로 '사랑에 빠지는 것'이다.
사랑은 감정을 최고치로 자극하기 때문이다.

사랑은 캐비어와 같다.
서로에게 몰두해야 하고
불꽃이 팍팍 튀어야 한다.

돌아보면, 나에게도 늘 사랑이 있었다.
새학년이 시작할 때마다,
새로운 동아리에 가입할 때마다
나는 늘 누군가를 사랑했다.
내가 여우의 존재를 알기 전에도
나는 여우를 키우고 있었던 것이다.

어머!
날 쳐다봤어.

사춘기가 시작되면서 새로운 변수가 나타났다.

만남의 초기에는 무서울 정도로 감정이 불타오른다.

더할 수 없이 황홀함에 빠져버리지만,

이런 뜨거운 감정도 금새 시들고 만다.

이렇듯 불안정한 기분 변화는 크고 작은 문제를 낳는다.

그 관계에 실증이 나면 곧바로 떠나고 싶어진다.

그리고 새로운 사람에게 눈을 돌리게 된다.

통계적으로 순환성장애를 가진 사람은 일반인들에 비해
결혼과 이혼을 반복하는 확률이 비교적 높다.

지난날을 떠올려보면, 나는 여우란 존재를 일부러 외면했던 것 같다. 내 삶이 흔들릴까봐 두려웠기 때문이다.

근사한 아파트

소중한 친구들

멋진 남자친구

안정적인 일

하지만 여우의 검은 유혹은 수시로 나를 찾아왔다.

저 판매원 잘 생기지 않았어?

글쎄.

꼬셔보고 싶지 않아?

아니!

왜 싫어?

내가 말 걸면 저 사람이 불편해 할 거야.

그리고 나 남자 친구 있는 거 너도 알잖아.

기분이 우울한 지 오래됐어. 나를 신나게 해주지 않으면, 가만 있지 않을 거야.

이번에 우리 아이티로 여행갈까?

내일 9시까지 출근해야 해.

그러지 말고 이참에 회사 그만두고 NGO 같은 데서 일하면 어때?

음..., 왠지 후회할 것 같은데...

불안은 그림자와 같다 : 마치 피부처럼 불안감이 어디를 가나 쫓아다닌다.
걱정거리가 생기기도 전에 이미 극도로 불안한 상태에 빠져 있다.

그리고 늘 사소한 것에도 폭발한다.

이런 상태에서는 정상적인 생활이 불가능하다.
불안이라는 복병이 예상치 못한 상황에서 불가항력적으로 나타나기 때문이다.

이런 불안정한 상태에 휘둘리지 않기 위해서는 다음과 같은 대응책이 반드시 필요하다.

나의 상태를 주변 친구들에게 미리 알려둔다.

요즘 내 기분이 매우 불안정해. 혹시라도 내가 갑자기 이상한 반응을 보여도 이해해줘.

불안은 매우 위협적이지만, 그렇다고 주변인들과의 관계까지 깨뜨릴 필요는 없다.

스트레스 받을 만한 상황을 가급적 피한다.

단, 혼자만의 세계에 너무 깊이 빠지지 않도록 한다. 하고 싶은 것이 있으면 그 시간을 즐기도록 노력한다.

그리고 억압된 감정을 적절히 배출하는 것이 중요하다.

울고 싶을 때는 실컷 운다.

나의 말에 귀 기울여주는 사람들에게 힘든 마음을 고백한다.

매일의 감정을 기록한다.

늘 마트에서 발작이 일어났어. 왜냐 하면… 내가 원해 않았거든. 순간적으로 너무 공포감에 휩싸였어.

너 때문에 아까 힘들었잖아!

불안은 별 문제없이 잘 지내고 있는 순간에도 불쑥 나타날 수 있다.
그 순간에는 매우 충동적이며 강박적인 상태에 빠지게 된다.

좋아. 네가 새로운
먹이를 주지 않는다면...

너를 집어
삼켜버릴
거야.

우울 상태의 여우

이렇듯 변덕스런 기분변화로
에너지를 많이 소모하면,
몇 주, 몇 달에 걸쳐 우울증이 나타난다.

그런데 초기에는 이런 자신의 상태를 우울증 상태라고 미처 생각하지 못한다.

게다가 주변 사람들의 반응은 자칫 우울증을 더 깊게 만들 수 있다.

전형적인 순환성장애에서는 우울증 상태에서도 과민한 증세가 완전히 사라지지는 않는다.
그렇기 때문에 정확하게 진단을 내리기가 매우 어렵다.

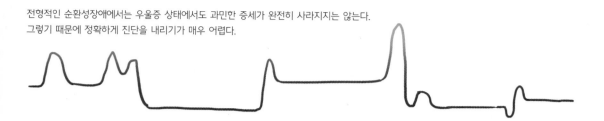

우울증은 의지가 약해서도 아니고, 변덕스런 기분 탓도 아니다.

우울증은 명백하게 '병'이다.

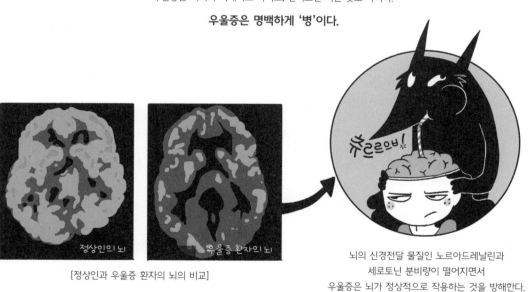

[정상인과 우울증 환자의 뇌의 비교]

뇌의 신경전달 물질인 노르아드레날린과
세로토닌 분비량이 떨어지면서
우울증은 뇌가 정상적으로 작용하는 것을 방해한다.

그 결과 우울증에 빠지면 에너지가 떨어지고, 즐거움도 감소하고, 마음이 텅 빈 것처럼 공허함을 느끼게 된다.

우울증은 몸과 마음 전반에 걸쳐 영향을 미친다.
우울증은 먼저 자신의 몸을 괴롭힌다.

우울증은 자신의 정신도 메마르게 한다.

욕구 감퇴

동기 상실

행복감 상실

이처럼 몸과 마음이 황폐해졌을 때는 고립감이 밀려온다. '나 없이도 세상은 잘 돌아가는구나' 라는 외로움에 빠져든다.

나는 이 세상에 존재하지 않는 사람 같다.
마치 죽은 사람처럼.

주변 사람들은 이런 나의 고통을 이해하지 못한다.

따르릉~

그림 작업 어떻게 돼가고 있나요?

네. 지금 작업하고 있어요.

아마 다음주 후반쯤 끝날 거예요.

병은 나를 세상에서 고립시켰다.
세상과 동떨어져 있다는 외로움이
병보다 나를 더 힘들게 했다.

우울한 여우를 어떻게 밝은 여우로 회복시킬 수 있을까?

[우울감에서 벗어나는 일상 팁]

1. 침대 위에서 뒹굴거리지 않기

너 지금 완전 축 쳐져서 멀리 나가지 못할 거야.

2. 자기관리를 게을리하지 않기

옷 입는 게 뭐가 중요해? 아무도 안 만날 거잖아!

우울할 때는 무조건 움직인다.
밖으로 나와 걷기라도 하면
우울감은 금세 약해진다.

오늘 동네 한 바퀴를 돌았어.
걸으니 기분이 좋은 걸.
후훗.

바깥공기를
너무 많이 마셨어.
콜록 콜록.
나 힘들어.

4. 일상의 즐거움 찾기

저거 맛있어 보인다.

칫, 너 저 케익을 먹으면 돼지처럼 뚱뚱해질 걸?

잠깐 밖에 있어!

너를 위해 '사과 타르트'를 사왔어.

난 별로 먹고 싶지 않아.

어서 먹기나 해!

별로 맛있지 않아.

난 맛있기만 한 걸.

5. 매일 작은 것이라도 긍정적으로 생각하기

오늘 하루 어떻게 보냈어?

아무것도 한 게 없어. 평소하고 똑같애. 허무하고 슬프고...

하지만

간식으로 사과 타르트 한 조각 먹고...

아침에 산책도 조금 했어.

때때로 이런 방법들이 효과가 있다. 이런 노력으로
삶의 의욕을 되찾고 건강도 회복하게 된다.

하지만,

이런 노력이

항상 효과적인 것만은 아니다.

일? 그만둬야지. 난 해내지 못할 거야.

친구들과 만난 지 오래되었어. 모두들 날 잊었을 거야.

내가 좋아하는 사람은 나에게 눈길도 주지 않아. 지쳤어.

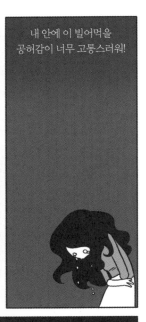

내 안에 이 빌어먹을 공허감이 너무 고통스러워!

누구도 나의 기분을 이해하지 못한다.
이런 나의 고통이 언제 끝날지 모른다.

이 모든 게 다 너 때문이야.

네가 죽어버렸으면 좋겠어!

순환성장애는 우울증 상태에서
자살률이 47퍼센트에 달한다.

이 비율은 양극성장애 제 2유형의
자살률 33퍼센트보다 1.5배 높고

일반적인 우울증의 자살률 26퍼센트보다는
거의 두 배에 가까운 수치이다.

와우!

경조증 상태의 여우

과도한 활기, 새로운 자극과 경험을 추구하는 행동을 보인다. 순환성장애에서 경조증은 우울증과 교대로 나타난다.

경조증 상태일 때 뇌에서 도파민이 과도하게 분비된다.

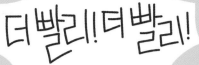

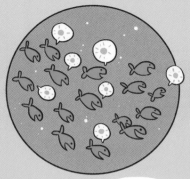

빨리빨리 움직여!

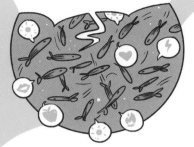

끊임없이 말하고,

행동이 과장되고,

하하하

매우 산만하다.

하하하하

급한 일들 → 해야 할일

식욕도 못 느끼고,

피곤함도 느끼지 못한다.

주변은 아랑곳하지 않는다.

누구라도 확연히 알아챌 수 있는
조증과는 달리

경조증은 활기 있게 보이는 모습과
구별하기 어렵기 때문에
쉽게 알아차릴 수 없다.

그렇지만 이런 유쾌한 모습도 사소한 자극에 공격적으로 변할 수 있다.

이때는 자신이 **천하무적** 처럼 느껴진다

이보! 빨간불이잖아!!

이 아저씨가! 보행자가 우선이지 무슨 소릴하는 거야?

또, 자신이 **매력적** 이라고 생각한다

200만원? 좀 비싼데...

너는 그만큼 써도 돼.

괜찮아, 넌 입을 자격이 있어. 돈 몇 푼에 네 가치를 떨어뜨릴 거야?

맞아! 이건 내 거야!!

지나치게 **친절을 베푼다**

도와 주세요.

한푼만 줍쇼.

안녕하세요.

이렇게 많은 돈을? 고마워요. 아가씨.

무모한 계획들을 세운다.

200만원을 썼어. 내가 도대체 뭐한 거지.

괜찮아. 너를 더 빚내줄 거야.

직장을 구하면 되지 뭐. 화물운송기사 어때?

갑자기 화물운송기사를 하라고?

음... 상상해 보니 멋질 것 같은데!

좀 더 올라가! 좀 더 높이! 위로 쭉쭉. 올라가!

헉... 헉... 잠깐만 기다려줘.

경조증은 정상을 오르는 것과 같다.
더 높이 올라갈수록 더 열광한다.
하지만 계속 올라가기 위해서는
더 강하고 더 위험한 자극이 필요하다.

어쩌지, 화물운송기사를 하려면 운전면허증이 필요한데...

뭐가 문제야? 따면 되지!

121

여기요!

네. 맞네요.

등록비로 150만원 결제
부탁드립니다.

200만원짜리 드레스를 사고,
운전면허학원비로 150만원을 쓰고…
이러다 은행잔고가 바닥이 날 듯.

감사합니다. 화요일부터
시작됩니다.

여기
세드릭 선생님이
지도해주실
거예요.

선생님,
화요일에
만나요.

이런 흥분상태가 심해지면 위험에 노출될 확률이 높아진다.
왜냐하면 흥분상태를 고조시키기 위해서 다음과 같은 상황에 쉽게 빠지기 때문이다.

참 이상하네,
기분이 업된 상태였는데
왜 갑자기
가라앉는 느낌이지?

경조증 상태에서
아래로 떨어지려고 하는 거야.
더 떨어지지 않으려면
뭔가 나에게
먹이를 줘야 해.

기다려봐...
현기증이 나.

나에게 당장 먹이를 줘.

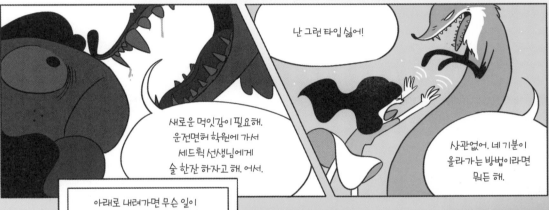

난 그런 타입 싫어!

새로운 먹잇감이 필요해.
운전면허 학원에 가서
세드릭 선생님에게
술 한잔 하자고 해. 어서.

상관없어. 네 기분이
올라가는 방법이라면
뭐든 해.

아래로 내려가면 무슨 일이
일어나는지 기억하지?
아래의 세상으로 돌아가고 싶어?

무슨 얘기를 하는 거야?
도대체? 순간적 쾌락을 위해
나쁜 짓을 하라는 거야?

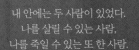

내 안에는 두 사람이 있었다.
나를 살릴 수 있는 사람,
나를 죽일 수 있는 또 한 사람.

위기의 순간마다 결단이 필요했다.
내가 나를 살리기 위해서
나는 나를 바꿔야 했다.

우리는 자신도 모르게 어떤 편견을 갖고 있다. 그 편견은 아픈 사람들에 대한 것이다.
암묵적으로 우리는 사람들을 두 그룹으로 나눈다.

'우리'
정상적인 사람들

'그들'
비정상적인 사람들 또는
정신병이 있는 사람들
(또는 정신력이 약한 사람들)

너 정신과에
한번 가봐야겠다.

그만둬!
나 안 미쳤다고!

난 그런 거 전혀
필요하지 않아!

난 장애인이 아니라고
의사 따위 필요 없어!

다리가 부러지면
누구나 병원에 가서 치료를 받듯
마음이 아프면 치료를 받는 것도
당연한 일이다.
그런데 비정상적인 사람이라는
편견 때문에 정신적인 문제가 있어도
병원에 가는 것을 꺼려한다.

정신적으로 힘든 상황에 있을 때, 도움을 받을 수 있는 다양한 심리전문가들이 있다.

심리상담사

마음의 고통(관계의 상처나
이혼에 따른 상실감, 학업실패나
실업으로 인한 절망감 등)과
관련된 다양한 상황에 도움을 준다.

여우가 시키는 대로
하지 마세요! 스스로
강인해지세요!

내려와!

정신과의사

심리적 질병(우울증, 공황장애,
양극성장애 등)을 다룬다.
유일하게 약을 처방할 수 있다.

이제는 당신을
물지 못할 겁니다.

정신분석가

흠...

어렸을 때, 난
'어린왕자' 소설을 싫어했어요.
그건 소설 속에서 나오는
여우 때문이었을 거예요.

예술치료사

당신이 가장 싫어하는 것을
조각으로 표현해보세요.

이처럼
다양한 심리전문가들이 있는데,
자신의 심리적 문제에 따라
적합한 전문가를 찾아서
도움을 구할 수 있다.

그런데 도움을 찾아나설 때, 무엇보다 중요한 것은
사람에 대한 신뢰이다.

서로에 대한 신뢰가 있으면 좀 더 빨리
회복의 길로 들어설 수 있다.

저 많이 나아졌어요, 선생님.
내 안의 여우를 다루는 법을 배웠거든요.
무작정 도망가거나 휘둘리지 않도록
노력하고 있어요.

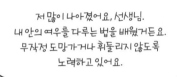

물론 아직도 힘들어요.
지난번에 선생님이 도와주실 수 있다는 말씀에
큰 힘이 되었어요.
선생님께 치료를 받고 싶어요.

양극성장애는 전문가의 치료가 필수이고,

본인의 노력과 의지 또한 필요합니다.

이런 치료를 따라오실 수 있나요?

당연하지요.

먼저 환자분이 확실히 이해하셔야 할 사항이
한 가지 있습니다. 순환성장애를 완전히 없앤다기보다는
먼저 안정화가 치료의 목표입니다.

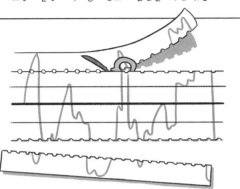

그것은 환자분의 감수성과 창의력을 보호하면서
조증과 울증의 격차를 지금보다 훨씬 줄여주는 것입니다.

이제부터 약을 처방할 겁니다.
이 약은 순환성장애와 관련하여
다른 증상에서도 쓰는 치료약인데,
용량은 훨씬 적게 처방할 겁니다.

가장 적은 용량에서 시작해서
환자분의 반응과 피검사를
해보면서 조금씩 늘려갈 겁니다.

환자분의 기분을 안정시켜줄
기분조절제를 처방해 드리겠습니다.
환자분의 여우가 너무 높이 올라가거나,
또는 너무 내려가는 경우,
갑자스런 기분변화에 따른 행동을
조절해주는 약입니다.

알았습니다.

기분조절제는 의사의 처방에 따라 항우울제, 신경이완제와 함께 복용하게 되는 경우도 있다.

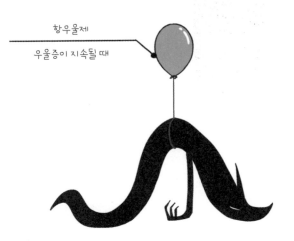

항우울제
우울증이 지속될 때

신경이완제
경조증이 지속될 때

항우울제는 신경전달 물질들의 활동을 자극하여
뇌의 활동을 증가시키는 일을 한다.

신경이완제는 과활성화된 뇌 활동을 조절하여
안정시키는 효과가 있다.

 (주의) 항우울제는 아래와 같은 사항이 발생할 수 있으므로 전문가의 처방 하에 늘 주의깊게 관찰해야 한다.

 갑작스런 기분 상승
기분이 우울상태에서 조증상태로
갑자기 변할 수 있음.

 자살 위험 증가
기분이 개선되지 않으면, 처음의 울증상태로
돌아와서 뜻밖의 행동을 저지를 수 있음.

좋아요. 지금 환자분은
우울증 상태도 경조증 상태도
아니기 때문에 현재 필요한
기분조절제만
처방해드리겠습니다.

곧 다시 만나요.
혹시 그 사이 무슨 일이
생기면 바로 연락하세요.

처음 몇 달간은 기존의 약보다
부작용이 적은 새로운 약을 복용했다.
그런데 사소한 부작용이 있었고,

기대했던 효과도 얻지 못했다.

어땠나요?

효과가 없었어요.

그럼, 리튬(Lithium)을
시도해봅시다.

리튬염은 1960년부터 양극성장애의
치료를 위해 사용되고 있다.

또한 건전지 또는 배터리 안에 넣는
메탈물질이기도 하다.

고농도의 리튬을 복용하면
위험하다는 것은 이미 알려진 사실이다.

입에 넣지마!

반드시 의사의 처방에 따른 정량을 복용해도 리튬은 다음과 같은 부작용을 일으킬 수 있다.

떨림 현상

그렇게 심각한 건 아니에요.

내 직업은 만화가인데...

그래...도.. 좋~은 일...은... 아..니죠. ㅎㅎ

체중 증가

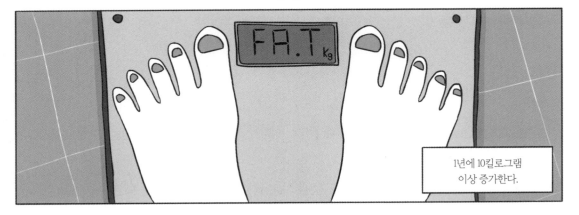

1년에 10킬로그램
이상 증가한다.

그래서 몇 가지 사전 대비책이 필요하다.

물을 많이 마신다.

물을 충분히 마셔요!

수분이 부족하면 리튬 농도가 증가하여
독성이 될 위험이 있다.

혈중 리튬 농도를 체크한다.

저 주사공포증
있다고 얘기했죠?

네. 지난달에 얘기하셨어요.
지지난 달에도요.

매달 혈액 검사를 하고 나중에는 두 달에
한 번씩 검사한다.

알코올 섭취를 가급적 피한다.

괜찮아.
난 무알코올
칵테일이 좋아.

가급적 술, 커피, 약물, 탄산음료를
섭취하는 것을 피한다.

특히, 임신을 조심한다.

이런...

리튬 복용을
중단했어야 했는데...

리튬은 기형을 초래할 수 있다. 임신을 원하는
경우에는 리튬 복용을 반드시 중단해야 한다

말씀드렸듯이 기분조절제 중에서
리튬은 어떻게 복용하느냐에 따라
결과가 좋을 수도 나쁠 수도 있습니다.
그래서 복용 원칙을 반드시 지키셔야 합니다.

네. 알겠습니다.

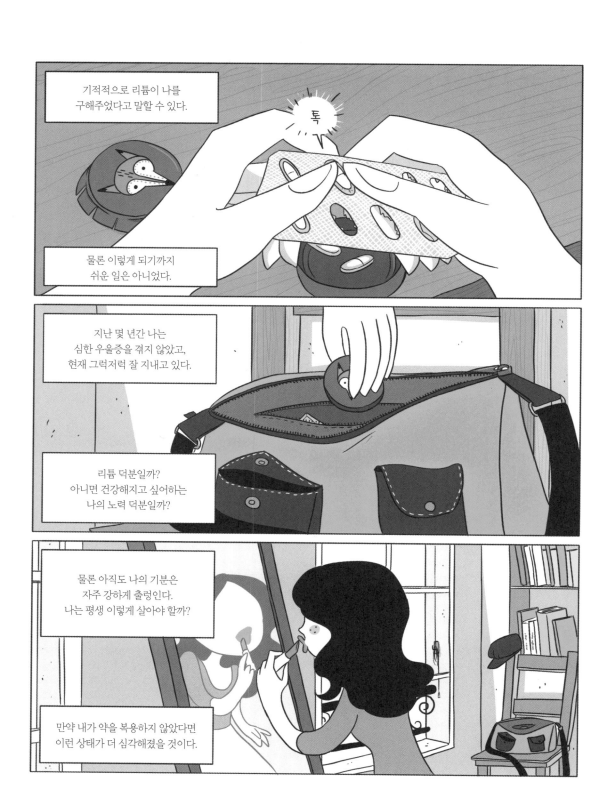

나는 내 인생을
잘 살아가고 싶다.

나는 리튬을 정해진 시간에
꼭 복용해야 한다는 작은 불편함을
안고 살아간다.

공공장소에서 또는 아는 사람들 앞에서
하루 서너 번 리튬을 복용할 때마다
사람들은 나에게 호기심을 갖는다.

이런 사람들의 호기심에 대처하기 위해 내 나름대로의 방법이 있다.

친구에게 내가 겪은 순환성장애에 대해 설명을 할 때면,
친구의 눈에서 내 안의 여우가 보인다.

내가 바라는 건,
오직 내 안의 여우가
평온하기 바랄 뿐이다.

내 증상에 대해 설명을 들은 사람들의 반응은 매우 다양하다.

불편해하는 사람

해결책을 제시하는 사람

간접적으로 경험한 사람

공감해주는 사람

마지막으로 심리전문가를 믿지 않는 사람

너 그거 알아? 네 담당 의사가
이 약들을 처방해준 이유?

약의 복용은 반드시 의사 처방에 따른다.

바로 약에
의존하게
만들려는 거야.

리튬은 중독성이 강하지 않다.

이렇게 넌 평생 약에 의존할 수밖에
없게 되고, 제약사 로비에 들어가는 돈을
부어주는 거야.

약 없이 버텨보기는 했어?
만약 가능하면 약 따위는 필요없다고!

이틀에 한 번씩 복용하는 걸로 시작해서
나중에는 꼭 필요할 때만 먹어.

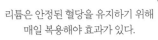

리튬은 안정된 혈당을 유지하기 위해
매일 복용해야 효과가 있다.

그럼 넌 피임약이 드는지 안 드는지
확인해가며 하루 건너 복용할 거니?
바보야!

143

다행히도 내 말에 귀 기울여주는 사람도 있다.

네 여우 있잖아...

내가 보기에 네가 많이 사랑하는 거 같은데...

사랑?

그냥 감당하는 거지 뭐.

144

여우 한 마리쯤은 쉽게 길들일 수 있다고 생각한다.

하지만 여우는 야생적으로 변하면 언제든 나를 위협할 수 있다.

여우를 감당하기는 쉽지 않아.
여우의 야생이 드러날 때마다
내 기분은 끝없이 출렁거려.

나는
흔들리는
내 모습이
두렵다.

기분이 밑으로 꺼질 때는
우울증이 너무 두려워.

이제는 괜찮은 거지?

응, 요 근래 몇 년 동안은 괜찮았어.

그래, 좋은 신호야!

기분장애는 정말로 최악이야. 끔찍해. 일상생활이 너무 힘들어.

극으로 치닫는 감정들을 매번 감당해야 하는 것,

예측 불가능한 기분들 때문에 미래를 계획할 수 없는 것,

새로운 것에 항상 빠져들어서 어떠한 것도 지속하기 어려운 것.

유감이다.
어떡해...

아니야, 괜찮아.

지금 내 모습을 봐.
멋진 레스토랑에서 좋은 친구와
함께 식사하고 있잖아.

어려운 시간들도
있었지만...

오늘 저녁은
내 인생 최고의 날이야.

이탈리아 여행은
어땠니?
얘기 좀 해봐.

Le Goupil - RESTAURANT - BAR - BRASSERIE

집으로 돌아오면서 "난 순환성장애를 갖고 있어"라고
고백했던 지난날을 떠올렸다.

내가 좋아하는
여자가 에이즈
환자인데...

그 여자의
아기도 에이즈에
걸렸어.

에이즈라는 병명만 듣고
사람들이 그녀를 피하고 있나봐.

우리 사회가 어떤 질병에 대해
편견이 많은 것 같아.

글쎄 올란드에서 50명을 죽인
테러리스트가 양극성장애였대.
그게 맞아?

그 사람 주치의가 몇 년 전에 일상생활에
문제가 없다고 했댔잖아. 결국엔 이렇게
테러가 발생했지 뭐야.

병명을 갖게 되는 순간,
우리는 중압감을 느낀다.
병명에 갇힌 사람들에 의해
낙인이 찍히기 때문이다.

하지만 병에 걸렸다고 해서
꼭 나쁜 것만은 아니다.
오히려 그 병을 통해 인생에서
새로운 시간을 갖게 될 수 있다.

여우는 내 안에 항상 존재한다. 중요한 것은

여우를 세심하게
살펴보는 것이다.

진단을 받기 전, 나의 모습은 매우 불안정하고 약한 모습이었다.

어떤 하루는...

과도하게 자극적인 시간을 보냈다가

또 어떤 날은 끝없이 가라앉기도 했다.

내가 너무 좀 심했나?

왜 나만 빼고 모두들
잘 사는 거지?

나는 안정된 모습을 찾기 위해 끊임없이 노력했다.	돌아보면 예전에 나는 다른 사람들의 시선을 의식하거나 그들의 마음에 들려고 무진 애를 썼다.

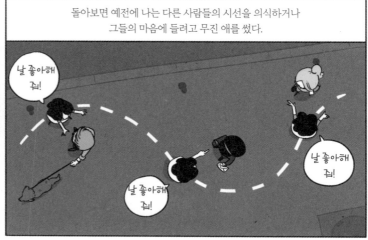

순환성장애를 가진 사람들은 다음과 같이 심리적 불안정에 노출될 수 있다.

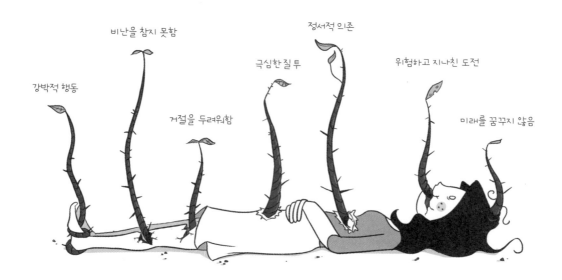

강박적 행동

비난을 참지 못함

거절을 두려워함

극심한질투

정서적 의존

위험하고 지나친 도전

미래를 꿈꾸지 않음

하지만 이런 심리적 문제는 　　　　　　　　　뿌리채 뽑아야 한다.

내가 순환성장애라는 사실을 알게 된 날

나는 내가 큰 착각에 빠졌었다는 걸 깨달았다.
그러나 이제 나는 **나를 새롭게 알아가고 있다.**

나는 위의 세계(조증)에서만 사는 것도 아니고,
아래의 세계(울증)에서만 사는 것도 아니다.

나는 단지 '움직이는 중'이다.

그것은 나의 세계가
불안정한 것이 아니라
항상 변화한다는 의미다.

순환성장애를 겪으면서 내가
누구인지 이제야 알게 되었다.

나를 안다면 그 무엇도
두렵지 않다.

당신이 소중하듯 당신 자신도 멈추지 않기를….
당신은 항상 변화하는 존재라는 사실을 잊지 않기를….

SPECIAL TIP

—

조울증 자가진단 테스트
조울증을 이기는 마음의 기술 5

나의 기분은 얼마나 오르락내리락할까?

조울증 자가진단 테스트*

다음은 현재의 상태가 아니라 과거에 있었던 기분의 변화를 조사하는 질문입니다.

각 질문에 '예' 또는 '아니오'로 답해보세요.

항목	질 문	예	아니오
1항	기분이 너무 좋거나 들떠서 다른 사람들이 '평소의 당신 모습이 아니다'라고 한 적이 있었다. 또는 너무 들떠서 문제가 생긴 적이 있었다.		
	지나치게 흥분하여 사람들에게 소리를 지르거나 싸우거나 말다툼을 한 적이 있었다.		
	평소보다 더욱 자신감에 찬 적이 있었다.		
	평소보다 더욱 잠을 덜 잤거나 또는 잠잘 필요를 느끼지 않은 적이 있었다.		
	평소보다 말이 더 많았거나 말이 매우 빨라졌던 적이 있었다.		
	생각이 머리 속에서 빠르게 돌아가는 것처럼 느꼈거나 마음을 차분하게 하지 못한 적이 있다.		
	주위에서 벌어지는 일로 쉽게 방해 받았기 때문에 하던 일에 집중하기 어려웠거나 할 일을 계속하지 못한 적이 있었다.		
	평소보다 더욱 에너지가 넘쳤던 적이 있었다.		

	평소보다 더욱 활동적이었거나 더 많은 일을 했던 적이 있었다.		
	평소보다 더욱 사교적이거나 적극적(외향적)이었던 적이 있었다. (예를 들면, 한밤중에 친구들에게 전화를 했다)		
	평소보다 더욱 성행위에 관심이 간 적이 있었다.		
	평소의 당신과는 맞지 않는 행동을 했거나 남들이 생각하기에 지나치거나 바보 같거나 또는 위험한 행동을 한 적이 있었다.		
	돈 쓰는 문제로 자신이거나 가족을 곤경에 빠뜨린 적이 있었다.		
2항	만약 위의 질문 중에서 하나 이상 '예'라고 했다면, 그 중 몇 가지는 같은 시기에 벌어진 것입니까? 예 ( ) 아니오 ( )		
3항	이러한 일들로 인해서 어느 정도의 문제가 발생했습니까? 문제없음 ( ) 경미한 문제 ( ) 중등도의 문제 ( ) 심각한 문제 ( )		

[평가] 1항에서 7개 이상 '예', 2항에서 '예', 3항에서 경미한 문제 이상인 경우 전문가와의 상담이 필요합니다.

* 한국형 기분장애 질문지, 출처 : 대한우울조울병학회

조울증을 이기는 마음의 기술 5

1. 말하라

조울증은 극단적인 감정의 변화로 스스로 이겨 내고자 하는 의지조차도 힘겨워 하는 사람들이 많습니다. 하지만 이런 시간이 길어지면 직장생활은 물론 가정에서도 일상이 요동을 치면서 걷잡을 수 없는 결과를 초래합니다. 자신의 의지와는 상관없이 기분의 고저가 심해지면서 울렁증이 심해지고 결국엔 사람들을 기피하는 현상까지 나타나게 됩니다. 하지만 이럴 때일수록 주변의 역할이 중요합니다. 가깝게는 가족이나 친구들에게 자신의 상태를 알려야 합니다. 그래야 자신이 어려움에 처했을 때, 적절한 도움을 받을 수 있습니다.

2. 둔감하라

조울증은 기분이 고양된 상태에서 문제 상황에 부딪히면 쉽게 스트레스를 받게 됩니다. 외부의 자극에 상당히 민감한 반응을 보일 수 있기 때문에 쉽게 화를 내거나 낙담할 수 있습니다. 따라서 가급적 스트레스가 예상되는 상황은 피하고, 외부의 자극에 얼마쯤 둔감해질 필요가 있습니다.

3. 기록하라

하루에도 감정기복이 급격하게 요동친다면 기분일기를 써보는 것도 좋습니다. 일간, 주간, 월간 등 다양한 시간대에 따라 기분상태를 적어보면 자신의 기분이 어떻게 변화하는지를 관찰해볼 수 있습니다. 이처럼 기분변화를 객관적으로 관찰하면 무작정 자신의 기분을 억압하거나 무절제하게 배출하는 것이 아니라 적절히 대응할 수 있습니다.

4. 생활하라

수면시간, 식사시간, 운동 등 일상생활을 규칙적으로 하는 것이 좋습니다. 몸과 마음에도 리듬이 있습니다. 불규칙적인 생활습관은 이런 리듬을 깨뜨려서 스트레스로 작용하고, 결과적으로 감정기복을 더 자극할 수 있습니다. 몸과 마음은 양쪽의 날개와 같습니다. 한쪽 날개에 이상이 생기면 정상적인 비행이 불가능합니다. 몸의 날개, 마음의 날개가 균형을 이루려면 규칙적인 생활을 유지해야 합니다.

5. 용기 내라

감정기복이 심한 자신을 보면서 낙담하고 지칠 수 있습니다. 하지만 그것은 일시적인 상태일 뿐입니다. 현재 자신의 상태를 용기 있게 인정하고 적절히 대응한다면 분명 좋아질 수 있습니다. 내 안에는 나를 돌볼 수 있는 큰 힘이 있음을 믿어야 합니다. 나 자신을 믿고 끝까지 포기하지 않도록 용기를 주는 것이 필요합니다. 섣불리 자책하거나 낙심하지 말고 누구나 한 번쯤 겪을 수 있는 일이라고 생각해야 합니다.

내 기분은 변화하는 중입니다

초판 1쇄 인쇄   2019년 6월 15일
초판 1쇄 발행   2019년 6월 25일

지은이 | 루비 루
옮긴이 | 한나라
감수자 | 허휴정

펴낸이 | 성미옥
펴낸곳 | 생각속의집

출판등록   2010년 5월 18일 제300-2010-66호
주소 | 서울시 종로구 혜화동 53-9, 1층
전화 | (02)318-6818   팩스 | (02)318-6613
전자우편 | houseinmind@gmail.com

ISBN 979-11-86118-33- 7 03180